BIRGIT SEIDEL / KERSTIN KRANICH

# *Schmuck aus Wachsperlen*

D1925303

URANIA-RAVENSBURGER

# Inhalt

Vorwort . . . . . 3
Werkzeug und Material . . . . . 4
Tipps und Tricks . . . . . 6
Sweet Dreams . . . . . 8
Fascination . . . . . 10
Imagination . . . . . 13
Golden Star . . . . . 16
Honey Moon . . . . . 18
Cool Shine . . . . . 20
Modern Art . . . . . 22
Gloria . . . . . 24
Moon Light . . . . . 27
Victoria . . . . . 30
Dancing Beads . . . . . 32
Softline . . . . . 34
Flowers . . . . . 36
Sensation . . . . . 38
Waterworld . . . . . 40
Magic Fire . . . . . 42
Black and White . . . . . 44
Flying Beads . . . . . 46

# Vorwort

Perlen zu tragen war einst ein Privileg von Kaisern und Königen, und seit Jahrhunderten werden Perlen zum Besticken von kostbaren Abendkleidern und aufwendigen Roben verwendet. Sie schmücken seit alters her gekrönte Häupter und reizvolle Dekolletés und haben schon immer Macht und Reichtum symbolisiert.
Heutzutage sind Perlen jedoch für weitaus mehr Menschen erschwinglich. Dies wird durch die Züchtung sowie die perfektionierte künstliche und industrielle Herstellung ermöglicht.
Damals wie heute faszinieren Perlen uns Menschen, und Schmuckdesigner auf der ganzen Welt schaffen immer wieder aufs Neue ausdrucksstarke Kreationen. So werden Perlen nicht nur schlicht aufgereiht als edle Ketten getragen, sondern durch raffinierte Fädeltechniken und luftige Designs in sportliche, jugendliche, frische und trotzdem elegante Schmuckkollektionen verwandelt. Schmuck aus Perlen ist so aufregend wie die Mode an sich und genauso sinnlich und bezaubernd wie seine Trägerin.

Wir haben in diesem Buch eine Vielzahl von Ideen und Variationen für Schmuckstücke aus Perlen zusammengestellt, die Sie einfach und schnell nacharbeiten können. Sie werden feststellen, dass das Kreieren von Colliers, Armbändern und Ohrhängern völlig unkompliziert ist, und sicher werden Sie die gleiche Erfahrung machen wie wir: Hat man einmal angefangen, kann man gar nicht mehr aufhören und sprudelt geradezu über vor neuen Ideen.
Dieses Buch soll zur Inspiration dienen und Sie ermutigen, eigene Vorstellungen, Wünsche und Fantasien in Ihr individuelles Schmuckdesign umzusetzen.
Sehen Sie unsere Modelle als Anregung und wandeln Sie diese nach Ihrem Geschmack in Ihre persönlichen Schmuckstücke um.

Viel Spaß wünscht Ihnen

das »Creative-Hobbies«-Schmuckteam
Birgit Seidel und Kerstin Kranich

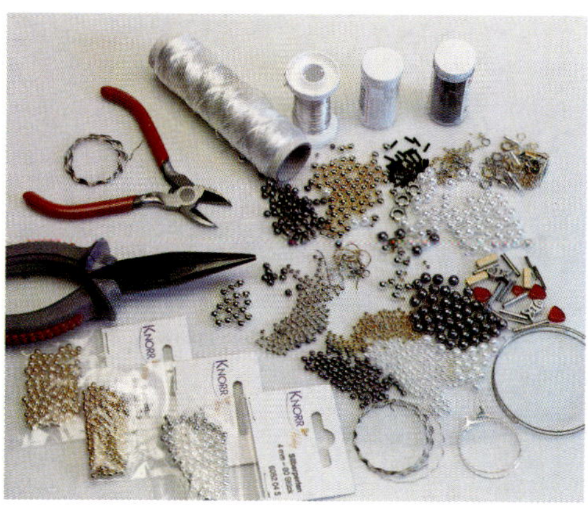

# Werkzeug und Material

## PERLEN UND SCHMUCKTEILE

In diesem Buch stellen wir gezielt Modelle aus Wachsperlen vor, da diese Perlen sich großer Popularität erfreuen. Wachsperlen sind vielseitig kombinierbar und lassen sich wunderschön mit Glasperlen, Metallteilen und Draht variieren.

**Wachsperlen:** Da Naturperlen sehr selten und daher sehr teuer sind, werden Perlenimitationen auf industriellem Weg hergestellt. Hier handelt es sich um Perlen, Oliven und Tropfen aus Kunststoff, die in ein Wachsbad getaucht werden. Das Wachsbad enthält Fischsilber, das den Perlen ihren einmaligen Schimmer verleiht. Dies macht Wachsperlen den Natur- oder Zuchtperlen vom Aussehen her sehr ähnlich. Allerdings sind Wachsperlen vollkommen rund und gleichmäßig und heben sich dadurch von echten Perlen ab.

**Gezüchtete Süßwasserperlen:** Diese Perlen werden durch das Einsetzen eines Perlmutterkerns in Muscheln gezüchtet. Die Perlen zeichnen sich durch ihre Unregelmäßigkeit aus (je gleichmäßiger und runder, desto wertvoller) und haben diesen wunderschönen »Lüster« (schimmernde Oberfläche und inneres Leuchten der Perle).
Alle unsere Schmuckmodelle können auch mit diesen hochwertigen Perlen gefertigt werden. Achten Sie beim Tragen der Schmuckstücke jedoch darauf, dass die Perlen nicht mit Kosmetika und Parfüm etc. in Berührung kommen, und bewahren Sie den Perlenschmuck zum Schutz vor Kratzern in separaten Stoffbeuteln auf.

**Glasperlen:** Perlen aus Glas gibt es in Hülle und Fülle, gleich, ob maschinell gefertigt oder handgearbeitet. Am populärsten sind Rocailles, kleine Glasperlen von 2–5 mm Durchmesser, die es in allen Farben und Formen gibt, z. B. transparent, matt, opak, mit Silbereinzug, gelüstert, metallicfarben oder hexagonförmig. Schön verarbeiten lassen sich auch größere, gepresste Glasperlen, die es in verschiedenen Formen gibt, z. B. als Würfel, Scheibe, Herz, Dreieck.
Achten Sie bei Glasperlen immer darauf, dass diese durchgefärbt sind, also aus bereits gefärbtem Glas produziert und nicht erst nachträglich eingefärbt wurden. Bei den nachträglich eingefärbten Perlen kann sich die Farbe sehr leicht ablösen.

**Metallteile/Formen:** Es gibt auch sehr attraktive Schmuckelemente aus Metall, die Perlenarbeiten ergänzen und veredeln. Hier handelt es sich meist um Schleuderguss, der in Formen gestanzt oder gegossen und danach galvanisiert (veredelt) wird. Wichtig ist jedoch, dass kein Nickel enthalten ist.

**Quetschperlen:** Die kleinen 2–2,5 mm großen Perlen aus weichem Material (Schmelz) können mit einer Flachzange zusammen-»gequetscht« werden, sodass sie sich nicht mehr verschieben lassen. Sie werden zum Fixieren von Perlen auf Draht und auch als Hilfsmittel beim Anbringen des Verschlusses verwendet.

## FADEN UND DRAHT

**Nylon- oder Perlonfaden:** Ein äußerst reißfester Kunststofffaden, der sich aufgrund seiner festen und glatten Oberfläche sehr gut verarbeiten lässt. Ideal geeignet ist Faden der Stärke 0,25 mm, da dieser nicht zu dünn und nicht zu dick ist. Durch Verwendung von transparenten Fäden entsteht der Eindruck, als schwebten die Perlen.

**Nyloncoated Draht:** Unter »Nyloncoated« versteht man mit Kunststoff ummantelten Edelstahldraht. Durch die Kunststoffschicht lässt sich der Draht hervorragend verarbeiten und trägt sich sehr angenehm auf der Haut. Dieser Draht ist völlig reißfest und durch seinen glatten und kühlen »Stahllook« äußerst attraktiv. Er muss also nicht »versteckt« werden, sondern veredelt das Schmuckstück.

**Stretch-Magic-Gummi:** Ein hauchdünner, elastischer Gummi, ideal zum Fädeln von Armbändern geeignet. Er lässt sich leicht auch durch sehr dünn gebohrte Perlen ziehen und ist äußerst reißfest. Da er elastisch ist, benötigt man keinen Verschluss, ein fester Doppelknoten, der in den Perlen versteckt werden kann, reicht aus.

**Draht:** Für einige Modelle haben wir versilberten Draht von 0,25 mm Durchmesser verwendet. Dieser ist sehr biegsam und eignet sich besonders für gehäkelte Modelle. Achten Sie darauf, dass der Draht nickelfrei ist.

**Wellendraht:** Dieser Draht ist aus Edelstahl und daher rost- und nickelfrei. Er ist in sich gewellt. Schneiden Sie diesen Draht erst nach dem Verarbeiten, da sich die Enden leicht aufzwirbeln.

**Drahtreifen:** Vorgebogene Reifen aus Edelstahldraht, nickel- und rostfrei. Der Reifen behält seine Form, und die gewünschten Perlen werden einfach aufgefädelt, als Abschluss biegen Sie eine Öse.

## VERSCHLÜSSE

Es gibt eine Vielzahl von unterschiedlichen Verschlüssen. Suchen Sie sich den Verschluss ganz nach Ihren persönlichen Vorlieben aus. Achten Sie dabei auf den harmonischen Gesamteindruck des Schmuckstückes und verwenden Sie möglichst nicht zu große und dominante Verschlüsse. Wir schlagen für jedes Modell eine Verschlussvariante vor, doch Ihrer Kreativität sind hier auch keine Grenzen gesetzt.
Wichtig beim Anbringen des Verschlusses sind die Verbindungselemente. Hier gibt es unterschiedliche Endkappen und Kalotten, in die die Fäden bzw. Drähte eingefasst werden. Im Kapitel *Tipps und Tricks* stellen wir die von uns am häufigsten verwendeten Verschlussvarianten vor.
Wichtig bei der Wahl des Verschlusses ist es, auf nickelfreies Material zu achten. Verschlüsse in 925er Sterlingsilber veredeln Ihr individuelles Schmuckstück auf besondere Art.

## WERKZEUGE UND HILFSMITTEL

Gutes Werkzeug vereinfacht das Herstellen von Schmuck. Zur Grundausstattung eines »Schmuckbastlers« gehören folgende Werkzeuge und Hilfsmittel:

**Schere**

**Sekundenkleber:** Achten Sie darauf, dass der Kleber punktgenau aufgetragen werden kann.

**Seitenschneider:** Zum Abzwicken von Draht und Edelstahl.

**Flachzange:** Flache Zange, die am besten zum Zusammendrücken von Quetschperlen und Kalotten geeignet ist.

**Kettelzange:** Runde Zange, die ideal zum Auf- und Zubiegen von Ösen und Drahtschlaufen geeignet ist.

**Perlenwebrahmen:** Für gewebte Schmuckstücke.

**Häkelnadel:** Stärke 3 oder 4, für gehäkelte Schmuckstücke.

# Tipps und Tricks

## ZUALLERERST: LÄNGE DES SCHMUCKSTÜCKES FESTLEGEN

Legen Sie vor Beginn der Arbeit die Länge bzw. Größe des Schmuckstücks fest. Am besten orientieren Sie sich mit Hilfe eines Maßbands oder eines fertigen Schmuckstücks. Wir haben uns bei den Längenangaben an der Durchschnittslänge von Colliers und Armbändern orientiert. Die Länge der Fäden und Drähte kann ganz nach Belieben variiert werden. Beachten Sie, dass der Verschluss zur fertigen Länge dazu kommt.

## TRICK: REGULATIONSKETTE

Da Schmuckstücke, vor allem Colliers, je nach Kleidung länger oder auch kürzer getragen werden, kann ein Verlängerungskettchen in den Verschluss eingehängt werden. Mit diesem lässt sich die Länge des Schmuckstücks problemlos variieren.

## FIXIEREN VON PERLEN

Sollen die Perlen fixiert werden, also an einem bestimmten Platz fest sitzen, verwendet man entweder Quetschperlen oder klebt die Perle mit Sekundenkleber am Draht fest.

Die Quetschperlen (s. Material) werden links und rechts von der Perle oder über 2 Drähte gefädelt und mit einer Flachzange fest zusammengedrückt. So passt sich die Quetschperle dem Draht an und lässt sich nicht mehr bewegen. Möchten Sie die Perlen unsichtbar fixieren, verwenden Sie einen Tropfen Sekundenkleber, den Sie direkt auf den Draht geben. Die Perle wird dann über den Klebepunkt geschoben. Lassen Sie den Kleber gut trocknen, bevor Sie weiterarbeiten.

## VERSCHLUSSSCHLAUFE BEI 2-REIHIGEN COLLIERS

*(Gloria, Flowers, Waterworld, Magic Fire)*

Hier kann mit einer Quetschperle gleich die Verschlussschlaufe eingearbeitet werden. Nehmen Sie den Faden oder Draht doppelt so lang wie die fertige Kettenlänge. Schieben Sie eine Quetschperle über beide Enden, bis eine ca. 0,5 cm große Schlaufe entsteht. Quetschen Sie nun die Perle mit der Flachzange zusammen und Sie erhalten die Verschlussschlaufe **(s. Zeichnung 1)**.

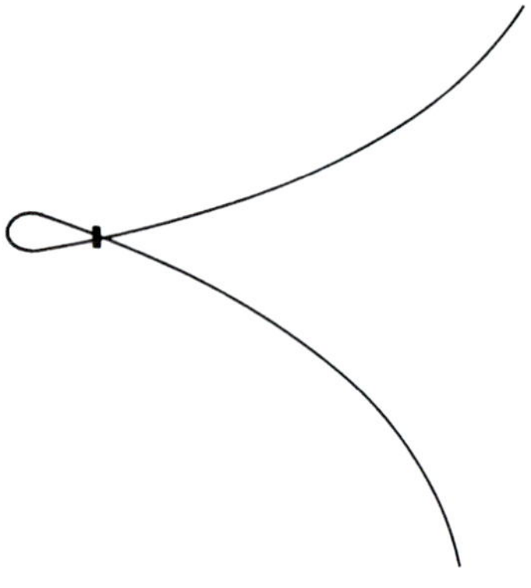

1

## VERSCHLUSS

Bevor der Verschluss (Karabiner, Federring, Schraubschließe) an das Schmuckstück angebracht werden kann, müssen die Fäden oder Drähte zusammengefasst werden. Dies kann, je nach Anzahl der Fäden, folgendermaßen geschehen:

- **1–3 Fäden/dünne Fäden**

  *(Sweet-Dreams-Ohrhänger, Fascination, Imagination, Honey-Moon-Ohrhänger, Cool Shine, Gloria, Victoria, Dancing Beads, Softline, Flowers, Sensation, Waterworld, Magic Fire, Black and White, Flying Beads)*

Hier empfiehlt sich die Verbindung mit einer Quetschkalotte. Hierfür die Fäden zusammennehmen, durch das Loch der Quetschkalotte und zur Sicherheit noch durch eine Quetschperle fädeln **(s. Zeichnung 2)**.

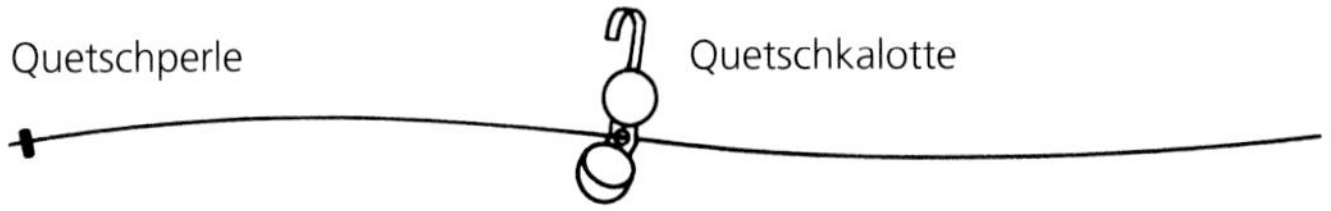


2

Nun erst die Quetschperle mit der Flachzange zusammendrücken. Dann die Quetschkalotte über der Quetschperle mit der Flachzange schließen **(s. Zeichnung 3)**. So können die Fäden nicht aus der Quetschkalotte gleiten. Zur Sicherheit kann vor dem Schließen der Quetschkalotte ein Tropfen Sekundenkleber in die offene Kalotte gegeben werden.

3

- **Mehrere Fäden/starke Fäden**
  *(Sweet Dreams, Golden Star, Honey Moon, Modern Art, Moon Light, Glamour)*
  Sind die Fäden bzw. Drähte zu stark und passen nicht durch die Quetschkalotte, werden Endkappen verwendet. Es gibt sowohl offene Kappen, in die man die Enden einlegt und dann mit einer Flachzange die Kappen zusammenquetscht (zur Sicherheit kann ein Tropfen Sekundenkleber in die Kappe geben werden) als auch feste, bereits geschlossene Endkappen, in die man die Drähte mit Sekundenkleber einklebt.

Die Quetschkalotten und Endkappen haben jeweils eine Öse oder einen Einhängering, an denen der Verschluss angebracht werden kann.

# Sweet Dreams

**Material**

| | | |
|---|---|---|
| 2237 099 | Perlonfaden transparent 0,25 mm | ca. 5 m |
| 2228 175 | Karabinerverschluss versilbert | 1 St. |
| 6441 122 | Verbindungsringe versilbert | 2 St. |
| S2235 175 | Verschlusskappen zum Einkleben versilbert | 2 St. |
| 6084 00 1 | Wachsperlen weiß 2 mm | 20 St. |
| 6086 00 4 | Wachsperlen weiß 3 mm | 45 St. |
| 6085 00 7 | Wachsperlen weiß 5 mm | 40 St. |
| 6092 00 4 | Wachsperlen weiß 6 mm | 6 St |
| 6093 00 0 | Wachsoliven weiß 8 x 4 mm | 10 St. |

**Material**

(für einen Ohrhänger)

| | | |
|---|---|---|
| 2237 099 | Perlonfaden transparent 0,25 mm | ca. 20 cm |
| 2229 075 | Ohrhaken versilbert | 1 St. |
| 2231 375 | Quetschkalotte versilbert | 1 St. |
| 2230 875 | Quetschperle versilbert | 1 St. |
| 6084 00 1 | Wachsperlen weiß 2 mm | 8 St. |
| 6086 00 4 | Wachsperlen weiß 3 mm | 9 St. |
| 6088 00 7 | Wachsperlen weiß 4 mm | 6 St. |
| 6093 00 0 | Wachsolive weiß 8 x 4 mm | 1 St. |

## COLLIER

Den Perlonfaden in 9 Stücke zu je 45 cm schneiden. Auf allen Fadenstücken die Wachsperlen mit einem Tropfen Sekundenkleber fixieren (einen Tropfen direkt auf den Draht geben und die Perle vorsichtig darüber schieben).

Die Enden der Fäden zusammennehmen und in die Verschlusskappen einkleben. Den Karabiner mit einem Verbindungsring an einer Verschlusskappe befestigen, die andere Verschlusskappe dient als Einhängeöse.

## OHRHÄNGER

Ein Ohrhänger: Den Perlonfaden doppelt nehmen und eine Perle (3 mm) auf beide Fäden bis zum Ende aufziehen, bis eine kleine Schlaufe entsteht. Dann auf die einzelnen Fäden jeweils eine Perle (2 mm) fädeln, anschließend wieder auf beide Fäden eine Perle (3 mm) aufziehen. Dann auf die einzelnen Fäden eine Perle (2 mm) aufziehen und danach eine Perle (4 mm) auf beide Fäden. Nun auf die einzelnen Fäden jeweils eine Perle (4 mm) und eine Olive auf beide Fäden ziehen. Die Olive bildet die Mitte des Ohrhängers. Nach demselben Schema in umgekehrter Abfolge noch einmal fädeln. Zum Schluss beide Enden durch die erste Perle ziehen, sodass alle 4 Enden des Perlonfadens aus der Perle ragen. Die Fäden mit der Quetschperle und der Quetschkalotte (s. *Tipps und Tricks*) einfassen und den Ohrhaken in die Öse der Quetschkalotte einhängen.

# Fascination

**Material**

| | | |
|---|---|---|
| 2237 784 | Nyloncoated Draht stahl | ca. 2 m |
| S2230 775 | Schraubschließe versilbert | 1 St. |
| 2231 375 | Quetschkalotten versilbert | 2 St. |
| 2230 875 | Quetschperlen versilbert | 2 St. |
| 6122 66 3 | Metallgefasste Perlen anthrazit (Kreuzkessel) | 13 St. |

**Kreuzkesselperle**

### COLLIER

60 cm Draht abschneiden. Eine Perle auffädeln und bis zur Mitte des Drahtes schieben. Dort den Draht knicken und die Perle von hinten mit Sekundenkleber befestigen. Im Abstand von ca. 2,5 cm links und rechts 2 weitere Perlen auffädeln und ankleben.

**Zeichnung (1)**

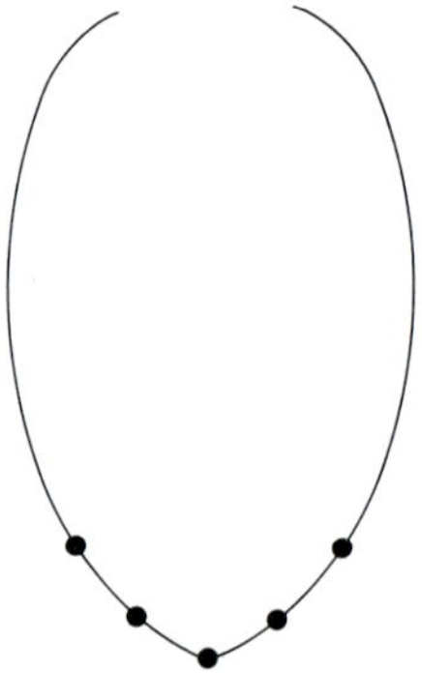

Nun vier 30 cm lange Drahtstücke abschneiden. 2 der Drähte in 2 der aufgefädelten Perlen (2) stecken (über Kreuz) und mit Sekundenkleber fixieren. Auf diese Drähte im Abstand von 2,5 cm jeweils 3 weitere Perlen auffädeln und ankleben.

**Zeichnung (2)**

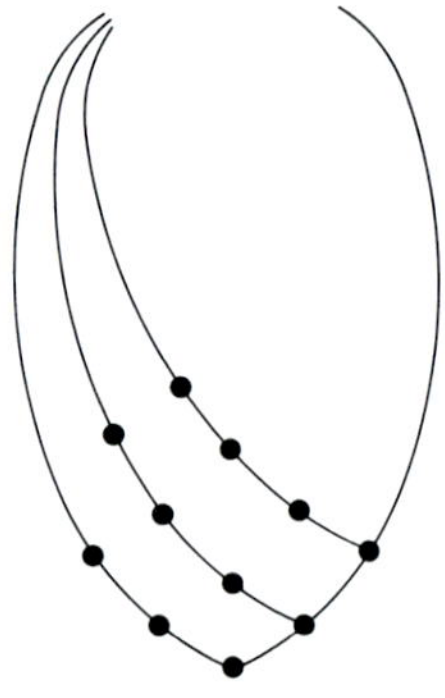

Die beiden letzten Drähte nun von der anderen Seite durch die schon vorhandenen Perlen fädeln (über Kreuz) und ankleben. Je 1 Perle auf den inneren und mittleren Draht auffädeln und mit Sekundenkleber fixieren.

**Zeichnung (3)**

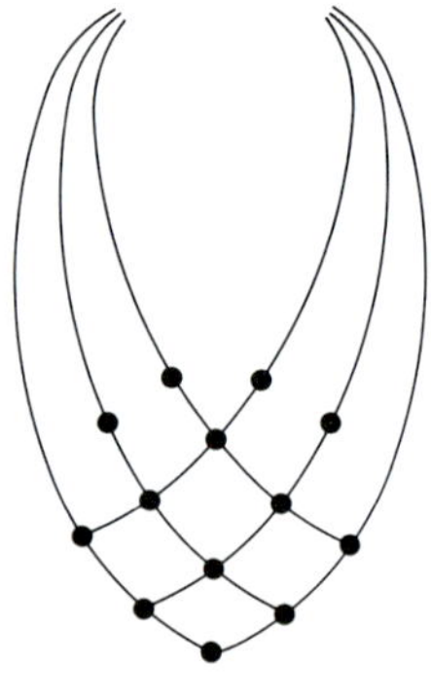

Nun die 3 Drahtenden rechts und links zusammenfassen, auf die gleiche Länge kürzen und die Quetschperle nebst Kalotte (s. *Tipps und Tricks*) befestigen. Die Schraubschließe in die offenen Ösen der Quetschkalotten einhängen.

**Material**

| | | |
|---|---|---|
| 2237 784 | Nyloncoated Draht stahl | ca. 55 cm |
| 2228 000 | Federringverschluss versilbert | 1 St. |
| 2231 375 | Quetschkalotten versilbert | 2 St. |
| 2230 875 | Quetschperlen versilbert | 2 St. |
| 6122 66 3 | Metallgefasste Perlen anthrazit | 10 St. |

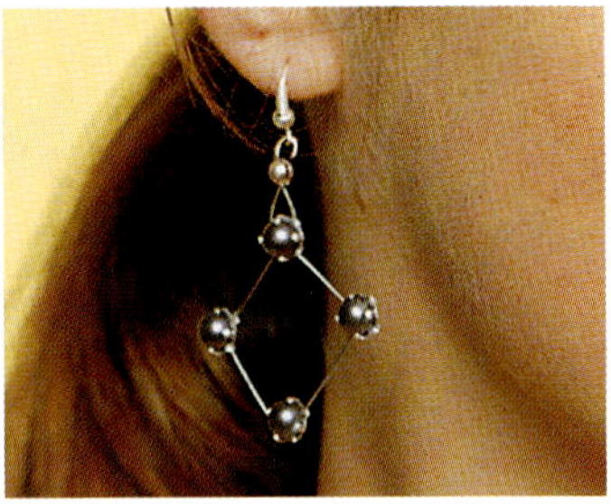

## ARMBAND

Vom Draht 2 Stücke mit 20 cm Länge abschneiden. Auf beiden Drähten je 5 Perlen auffädeln und im Abstand von ca. 2,5 cm mit Sekundenkleber fixieren. Den restlichen Draht in 5 Stücke von ca. 3 cm Länge schneiden. Diese Stücke dienen als Verbindung zwischen den beiden Drähten. Hierfür ebenfalls Sekundenkleber verwenden. Den Kleber gut trocknen lassen. Dann die Enden auf die gewünschte Länge kürzen und die Drähte an der Seite mit einer Quetschkalotte und Quetschperle verschließen (s. *Tipps und Tricks*). Nun auf der einen Seite den Federring und auf der anderen die Verbindungsöse einhängen.

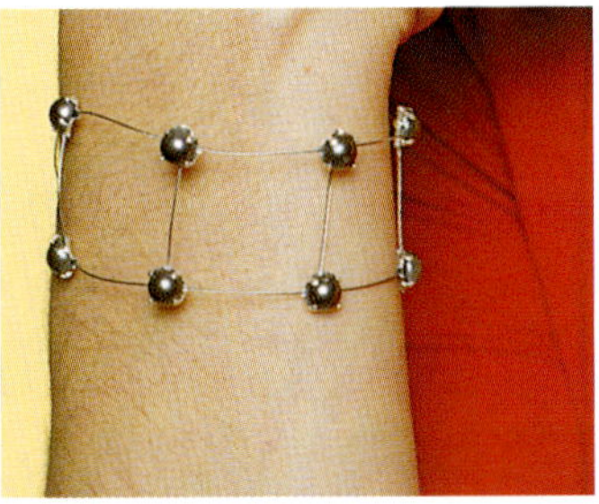

**Material**

(für einen Ohrhänger)

| | | |
|---|---|---|
| 2237 784 | Nyloncoated Draht stahl | ca. 8 cm |
| 2229 075 | Ohrhaken versilbert | 1 St. |
| 2231 375 | Quetschkalotte versilbert | 1 St. |
| 2230 875 | Quetschperlen versilbert | 1 St. |
| 6122 66 3 | Metallgefasste Perlen anthrazit | 4 St. |

## OHRHÄNGER

8 cm Draht abschneiden und in der Mitte knicken. Eine Perle in die Mitte aufziehen und mit Sekundenkleber fixieren. Im Abstand von ca. 2,5 cm rechts und links eine weitere Perle aufkleben. Den Kleber gut trocknen lassen. Dann den restlichen Draht abzwicken. Nun zweimal 4 cm Draht abschneiden. Diesen von oben in die beiden festgeklebten Perlen stecken und mit Kleber fixieren. Nach dem Trocknen die beiden Drahtenden durch eine weitere Perle führen und anschließend mit einer Quetschkalotte und Quetschperle verschließen (s. *Tipps und Tricks*). Den Ohrhaken in die Öse der Quetschkalotte einhängen.

# Imagination

## Material

| | | |
|---|---|---|
| 6464 71 8 | Draht silber 0,25 mm | ca. 15 m |
| 2228 175 | Karabiner versilbert | 1 St. |
| S2233 575 | Regulationskette versilbert | 1 St. |
| 2231 375 | Quetschkalotten versilbert | 2 St. |
| 2230 875 | Quetschperlen versilbert | 2 St. |
| 6086 00 4 | Wachsperlen weiß 3 mm | 80 St. |

Zusätzliches Werkzeug:
Häkelnadel Nr. 3 oder 4

### COLLIER

Mit dem Draht zuerst eine ca. 50 cm lange Luftmaschenkette häkeln. Dann eine Reihe feste Maschen ohne Perlen häkeln. Insgesamt werden nun 8 Reihen gehäkelt, wobei nach Belieben einige Wachsperlen auf den Draht gefädelt und eingehäkelt werden. Achten Sie darauf, lockere Maschen zu häkeln, damit sich die Kette in Form biegen und dem Hals anpassen lässt.

Zum Schluss die Drahtenden auf beiden Seiten mit einer Quetschkalotte und einer Quetschperle verschließen (s. *Tipps und Tricks*). An der einen Seite den Karabinerverschluss in die Öse der Quetschkalotte einbringen, an der anderen ein Regulationskettchen befestigen.

## Material

| | | |
|---|---|---|
| 6464 71 8 | Draht silber 0,25 mm | ca. 7 m |
| 2228 000 | Federringverschluss versilbert | 1 St. |
| S2233 575 | Regulationskette versilbert | 1 St. |
| 2231 375 | Quetschkalotten versilbert | 2 St. |
| 2230 875 | Quetschperlen versilbert | 2 St. |
| 6086 00 4 | Wachsperlen weiß 3 mm | 40 St. |

### ARMBAND

Das Armband wird wie das Collier gefertigt, ist jedoch nur ca. 25 cm lang.

**Material**

(für einen Ohrhänger)

| | | |
|---|---|---|
| 6464 71 8 | Draht silber 0,25 mm | ca. 2 m |
| 2229 075 | Ohrhaken versilbert | 1 St. |
| 2231 375 | Quetschkalotte | 1 St. |
| 2230 875 | Quetschperlen versilbert | 2 St. |
| 6086 00 4 | Wachsperlen weiß 3 mm | 15 St. |

## OHRHÄNGER LANG

Hier wird eine ca. 5 cm lange Luftmaschenkette gehäkelt. Bei jeder weiteren Reihe werden nach Belieben Wachsperlen auf den Draht gefädelt und mit festen Maschen eingehäkelt. Insgesamt 6 Reihen häkeln. Nun die beiden Drahtenden mit einer Quetschkalotte und Quetschperle verschließen (s. *Tipps und Tricks*), den Ohrhaken in die Öse der Quetschkalotte einhängen und diese zubiegen.

# Golden Star

**Material**

| | | |
|---|---|---|
| 2225 974 | Nyloncoated Collier gold | 1 St. |
| 6084 00 1 | Wachsperlen weiß 2 mm | 11 St. |
| 6057 02 0 | Perlen gold 2,5 mm | 5 St. |
| 6086 00 4 | Wachsperlen weiß 3 mm | 9 St. |
| 6085 00 8 | Wachsperlen weiß 5 mm | 6 St. |

## COLLIER

Ein 7-reihiges Collier verwenden, dass auf einer Seite offen ist, um Perlen aufzufädeln. Es kann auch Draht (ca. 3 m) verwendet und selbst zugeschnitten werden. Auf die einzelnen Reihen werden die Wachs- und Goldperlen nach Belieben aufgefädelt und durch einen Tropfen Sekundenkleber fixiert (einen Tropfen direkt auf den Draht geben und die Perle vorsichtig darüber schieben). Die Enden der offenen Seite des Colliers in den Verschluss einkleben und diesen mit einer Flachzange zudrücken.

**Material**

| | | |
|---|---|---|
| 2220 100 | Stretch-Magic-Gummi transparent | ca. 20 cm |
| 6057 03 9 | Wachsperlen gold 3 mm | 22 St. |
| 6085 00 8 | Wachsperlen weiß 5 mm | 22 St. |

## ARMBAND

Die Wachsperlen weiß und gold im Wechsel auf den Stretch-Magic-Gummi auffädeln und zum Abschluss beide Enden fest verknoten. Den Knoten in einer Perle »verstecken«.

**Material**

(für einen Ohrhänger)

| | | |
|---|---|---|
| 2364 63 8 | Nietstift vergoldet | 1 St. |
| 2229 074 | Ohrfeder vergoldet | 1 St. |
| 6057 03 9 | Wachsperle gold 3 mm | 1 St. |
| 6085 00 8 | Wachsperlen weiß 5 mm | 2 St. |

## OHRHÄNGER (Material je 1 Ohrring)

Eine weiße, eine goldene und wieder eine weiße Perle auf den Nietstift auffädeln. Den Rest des Stiftes mit einer Rundzange zur Öse biegen und diese in den Ohrhaken einhängen.

# Honey Moon

Bei diesem Modell wurden gezüchtete Süßwasserperlen verwendet, die durch ihren Glanz und ihre unregelmäßigen Formen besonders bestechen. Wachsperlen sehen ebenso apart aus.

**Material**

| | | |
|---|---|---|
| 2237 099 | Perlonfaden transparent 0,25 mm | ca. 3 m |
| 6441 25 4 | Komplettverschluss versilbert | 1 St. |
| 6003 10 9 | Süßwasserperlen reisförmig weiß 3–4 mm | 8 St. |
| 6003 11 7 | Süßwasserperlen reisförmig weiß 5–6 mm | 9 St. |
| 6003 12 5 | Süßwasserperlen rund weiß 3–4 mm | 8 St. |
| 6003 13 3 | Süßwasserperlen rund weiß 5–6 mm | 8 St. |

## COLLIER

Den Perlonfaden in fünf 50 cm lange Stücke schneiden. Auf alle Fäden die Süßwasserperlen nach Belieben auffädeln und mit einem Tropfen Sekundenkleber befestigen (den Kleber direkt auf den Faden geben und die Perle vorsichtig darüber schieben). Dann die Fäden zusammenfassen und in den Verschluss einkleben. Die Verschlusskappen mit einer Flachzange zudrücken.

**Material**

| | | |
|---|---|---|
| 2237 099 | Perlonfaden transparent 0,25 mm | ca. 1 m |
| 6441 25 4 | Komplettverschluss versilbert | 1 St. |
| 6003 10 9 | Süßwasserperlen reisförmig weiß 3–4 mm | 5 St. |
| 6003 11 7 | Süßwasserperlen reisförmig weiß 5–6 mm | 5 St. |
| 6003 12 5 | Süßwasserperlen rund weiß 3–4 mm | 5 St. |
| 6003 13 3 | Süßwasserperlen rund weiß 5–6 mm | 5 St. |

## ARMBAND

Das Armband wie das Collier, jedoch aus fünf 20 cm langen Fäden fertigen.

**Material**

(für einen Ohrhänger)

| | | |
|---|---|---|
| 2237 099 | Perlonfaden transparent 0,25 mm | ca. 15 cm |
| 2229 075 | Ohrhaken versilbert | 1 St. |
| 2231 375 | Quetschkalotte versilbert | 1 St. |
| 2230 875 | Quetschperle versilbert | 1 St. |
| 6003 10 9 | Süßwasserperlen reisförmig weiß 3–4 mm | 3 St. |
| 6003 11 7 | Süßwasserperlen reisförmig weiß 5–6 mm | 3 St. |
| 6003 12 5 | Süßwasserperlen rund weiß 3–4 mm | 3 St. |

## OHRHÄNGER

Den Perlonfaden 4 cm, 5 cm und 6 cm lang schneiden. Auf diese Fäden je 3 Perlen in unterschiedlichen Größen auffädeln und in variierenden Abständen mit Sekundenkleber befestigen (den Kleber direkt auf den Faden geben und die Perle vorsichtig darüber schieben). Dann die 3 Fäden zusammenfassen und mit einer Quetschkalotte und Quetschperle (s. *Tipps und Tricks*) fassen. Zum Schluss in die Öse der Quetschkalotte den Ohrhaken einhängen und die Öse zubiegen.

# Cool Shine

**Material**

| | | |
|---|---|---|
| 2237 936 | Wellendraht edelstahl | 1 m |
| 2228 000 | Federring versilbert | 1 St. |
| 2231 375 | Quetschkalotten versilbert | 2 St. |
| 2230 875 | Quetschperlen versilbert | 2 St. |
| 6088 66 0 | Wachsperlen anthrazit 4 mm | 28 St. |

## COLLIER

Die Wachsperlen nach Belieben oder wie abgebildet auf dem Draht anordnen, wobei alle Perlen mit einem Tropfen Sekundenkleber fixiert werden (einen Tropfen Kleber direkt auf den Draht geben und die Perle vorsichtig darüber schieben). Die Drahtenden jeweils mit einer Quetschkalotte und Quetschperle auf die gewünschte Länge einfassen (s. *Tipps und Tricks*). Erst jetzt den überstehenden Draht abschneiden, da der Wellendraht an den Enden leicht ausfranst. Die Öse des Federrings in die Öse der Quetschkalotte einhängen und zubiegen. Auf der anderen Seite den Verbindungsring anbringen.

**Material**

| | | |
|---|---|---|
| 2220 100 | Stretch-Magic-Gummi transparent | ca. 20 cm |
| 6088 66 0 | Wachsperlen anthrazit 4 mm | 30 St. |
| 6092 66 7 | Wachsperlen anthrazit 6 mm | 10 St. |

## ARMBAND

Die Wachsperlen auf den Stretch-Magic-Gummi auffädeln, immer eine Perle (6 mm) und 3 Perlen (4 mm) im Wechsel. Den Gummi fest verknoten und den Knoten in einer Perle »verstecken«.

**Material**

| | | |
|---|---|---|
| 2220 100 | Stretch-Magic-Gummi transparent | ca. 10 cm |
| 6086 66 7 | Wachsperlen anthrazit 3 mm | 20 St. |
| 6092 66 7 | Wachsperlen anthrazit 6 mm | 1 St. |

## FINGERRING

Die 20 anthrazitfarbenen Wachsperlen auf den Stretch-Magic-Gummi auffädeln, die große Perle (6 mm) sitzt in der Mitte. Den Gummi fest verknoten und den Knoten in einer Perle »verstecken«.

**Material**

(für einen Ohrstecker)

| | | |
|---|---|---|
| 2364 13 1 | Nietstift versilbert | 1 St. |
| 6092 66 7 | Wachsperlen anthrazit 6 mm | 1 St. |
| | Gegenstecker versilbert | 1 St. |

## OHRSTECKER

Den Nietstift durch die Perle stecken und mit etwas Sekundenkleber fixieren. Den Nietstift auf die gewünschte Länge kürzen.

# Modern Art

**Material**

| | | |
|---|---|---|
| 2237 784 | Nyloncoated Draht stahl | ca. 5 m |
| 2228 175 | Karabiner versilbert | 1 St. |
| 6441 12 2 | Zwischenring versilbert | 1 St. |
| S2235 175 | Verschlusskappen versilbert | 2 St. |
| 2230 875 | Quetschperlen versilbert | 250 St. |
| 6084 00 1 | Wachsperlen weiß 2 mm | 40 St. |
| 6086 00 4 | Wachsperlen weiß 3 mm | 40 St. |
| 6088 00 7 | Wachsperlen weiß 4 mm | 40 St. |
| 6085 00 8 | Wachsperlen weiß 5 mm | 30 St. |
| 6092 00 4 | Wachsperlen weiß 6 mm | 20 St. |

## COLLIER

Vom Draht vier 45 cm lange Stücke abschneiden. Jeder Strang wird separat gefertigt.
Unterschiedlich große Wachsperlen nach Belieben auf den Draht auffädeln und die Perlen rechts und links mit einer Quetschkalotte (durch Zusammendrücken der Kalotte) fixieren.

**Zeichnung (1)**

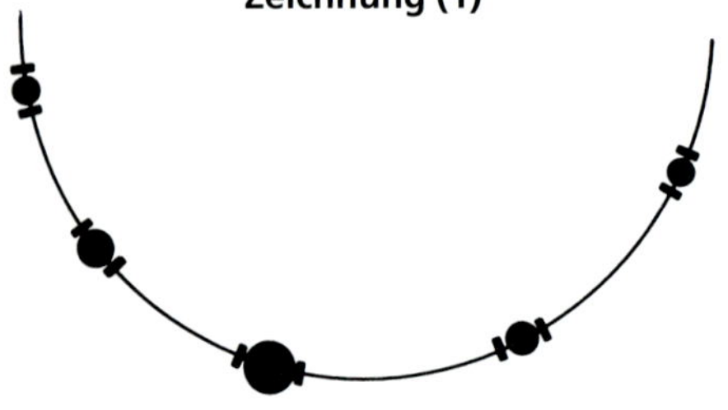

Nun den restlichen Draht in 5–8 cm lange Stücke schneiden. Ein Stück durch eine bereits fixierte Perle ziehen und das kurze Stück mit Quetschperlen fixieren. An den kurzen Stücken können weitere Wachsperlen mit Quetschkalotten fixiert werden.

**Zeichnung (2)**

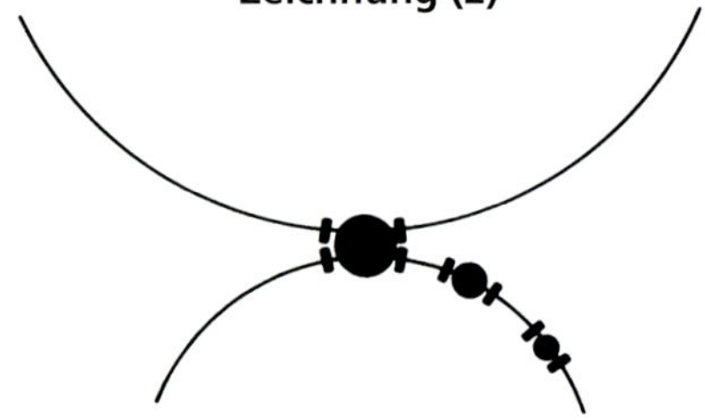

Die Enden aller 4 Fäden in eine Verschlusskappe mit Sekundenkleber einkleben und den Karabinerverschluss anbringen.

**Material**

(für einen Ohrhänger)

| | | |
|---|---|---|
| 2237 784 | Nyloncoated Draht stahl | ca. 20 cm |
| 2229 075 | Ohrhaken versilbert | 1 St. |
| 2230 875 | Quetschperlen versilbert | 10 St. |
| 6084 00 1 | Wachsperlen weiß 2 mm | 10 St. |
| 6086 00 4 | Wachsperlen weiß 3 mm | 4 St. |
| 6085 00 8 | Wachsperlen weiß 5 mm | 10 St. |

## OHRHÄNGER

10 cm Draht abschneiden. Dieses Stück so durch die Öse des Ohrhakens ziehen, dass zwei unterschiedlich lange Stücke bleiben. Über beide Drähte eine Quetschperle bis zur Ohrhakenöse ziehen und mit der Flachzange zusammendrücken.
Nun verschiedene Wachsperlen auf beide Drähte ziehen und diese rechts und links mit Quetschperlen befestigen. Den restlichen Draht in 2 kleine Stücke schneiden und durch 2 befestigte Perlen ziehen. Die Drähte ebenfalls mit Quetschperlen fixieren. Weitere Wachsperlen auf die kurzen Drähte ziehen und mit Quetschperlen fixieren.

# Gloria

## Material

| | | |
|---|---|---|
| 2237 784 | Nyloncoated Draht stahl | 1,50 m |
| 2228 000 | Federring versilbert | 1 St. |
| 2231 375 | Quetschkalotte versilbert | 1 St. |
| 2230 875 | Quetschperle versilbert | 1 St. |
| 6084 00 1 | Wachsperlen weiß 2 mm | 66 St. |
| 6052 02 9 | Wachsperlen silber 2,5 mm | 22 St. |
| 6052 26 6 | Oliven silber 6 x 3 mm | 11 St. |

### COLLIER

Den Draht in der Mitte zusammenlegen und eine Olive über beide Drähte bis zum Ende ziehen, sodass eine ca. 1 cm große Schlaufe entsteht.

**Zeichnung (1)**

Nun auf den einen Draht eine kleine Silberperle auffädeln und mit dem anderen Draht gegenfädeln. So entsteht eine ähnlich große Schlaufe.

**Zeichnung (2)**

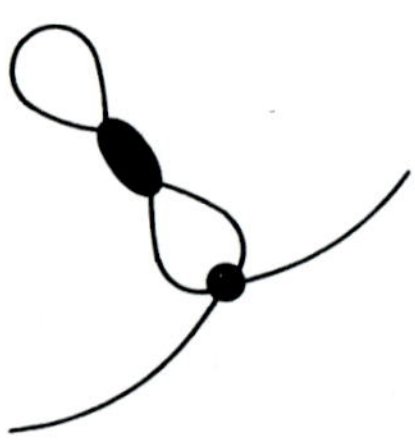

Auf jedes der beiden Drahtenden 3 kleine, weiße Wachsperlen fädeln.

**Zeichnung (3)**

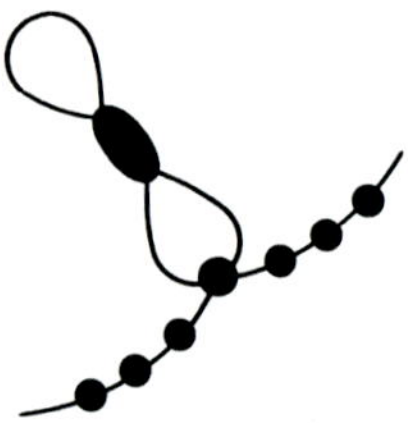

Dann auf einen der Drähte eine Silberperle auffädeln und mit dem anderen Draht gegenfädeln. So entstehen die kleinen Blumen.

**Zeichnung (4)**

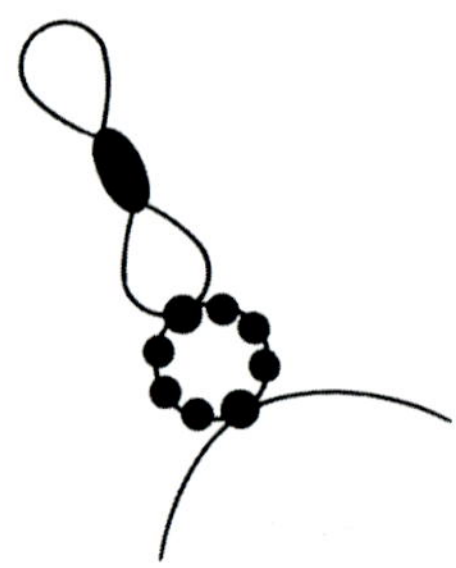

Jetzt wieder eine Olive auffädeln, als Nächstes mit einer Silberperle fortfahren, die wieder gegengefädelt wird. Danach wieder je 3 weiße Perlen usw. So bis zum Ende weiterarbeiten. Zum Schluss beide Drahtenden mit einer Quetschkalotte und einer Quetschperle sichern (s. *Tipps und Tricks*). Einen Federringverschluss in die Öse der Quetschkalotte einhängen und die Öse rund biegen.

**Material**

(für einen Ohrhänger)

| | | |
|---|---|---|
| 2237 784 | Nyloncoated Draht stahl | 10 cm |
| 2229 075 | Ohrhaken versilbert | 1 St. |
| 2231 375 | Quetschkalotte versilbert | 1 St. |
| 2230 875 | Quetschperle versilbert | 1 St. |
| 6088 00 7 | Wachsperlen weiß 4 mm | 6 St. |
| 6052 04 5 | Wachsperlen silber 4 mm | 2 St. |
| 6052 26 6 | Olive silber 6 x 3 mm | 1 St. |

## OHRHÄNGER

In die Mitte des Drahtes eine silberne Perle fädeln, rechts und links davon je 3 weiße Wachsperlen aufreihen. Dann auf ein Drahtende eine silberne Perle nehmen. Mit dem anderen Drahtende durch die letzte silberne Perle gegenfädeln. Nun beide Enden durch eine Silberolive ziehen. Beide Drahtenden mit einer Quetschkalotte und Quetschperle einfassen (s. *Tipps und Tricks*). Die Öse der Quetschkalotte in einen Ohrhaken einhängen und zubiegen.

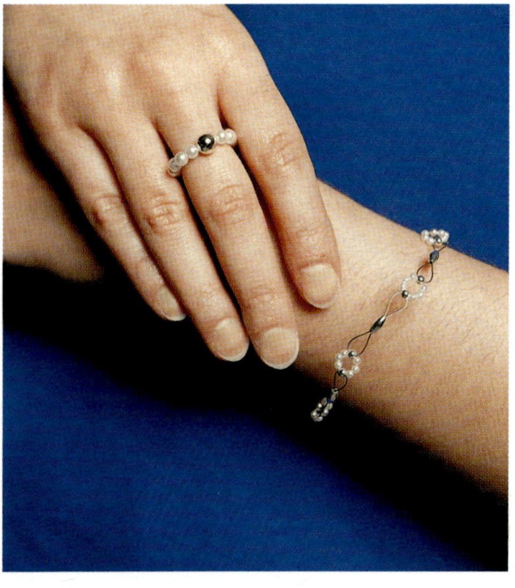

**Material**

| | | |
|---|---|---|
| 2237 784 | Nyloncoated Draht stahl | 50 cm |
| 2228 000 | Federring versilbert | 1 St. |
| 2231 375 | Quetschkalotte versilbert | 1 St. |
| 2230 875 | Quetschperle versilbert | 1 St. |
| 6084 00 1 | Wachsperlen weiß 2 mm | 36 St. |
| 6052 02 9 | Wachsperlen silber 2,5 mm | 12 St. |
| 6052 26 6 | Oliven silber 6 x 3 mm | 6 St. |

## ARMBAND

Das Armband wird wie das Collier gefertigt.

**Material**

| | | |
|---|---|---|
| 2220 100 | Stretch-Magic-Gummi transparent | ca. 10 cm |
| 6088 00 7 | Wachsperlen weiß 4 mm | 15 St. |
| 6052 06 1 | Wachsperle silber 6 mm | 1 St. |

## FINGERRING

Auf den Stretch-Magic-Gummi die weißen Wachsperlen sowie die silberne Perle aufreihen und die Enden des Gummis fest verknoten. Den Knoten in einer Perle »verstecken«.

# Moon Light

## Material

| | | |
|---|---|---|
| 6468 91 8 | Silberdraht 0,4 mm | 4 m |
| 6441 26 2 | Komplettverschluss versilbert | 1 St. |
| S2233 575 | Regulationskette versilbert | 1 St. |
| 6088 66 0 | Wachsperlen anthrazit 4 mm | 25 St. |
| 6092 66 7 | Wachsperlen anthrazit 4 mm | 65 St. |

### COLLIER

Den Draht in acht 50 cm lange Stücke schneiden. Auf den 1. Draht ca. 10 verschieden große Wachsperlen auffädeln.

**Zeichnung (1)**

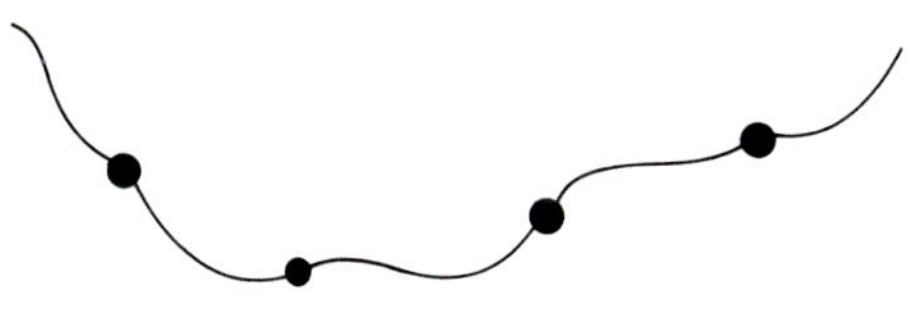

Durch diese Perlen den 2. Draht ziehen und dabei einige Perlen dazwischen fassen.

**Zeichnung (2)**

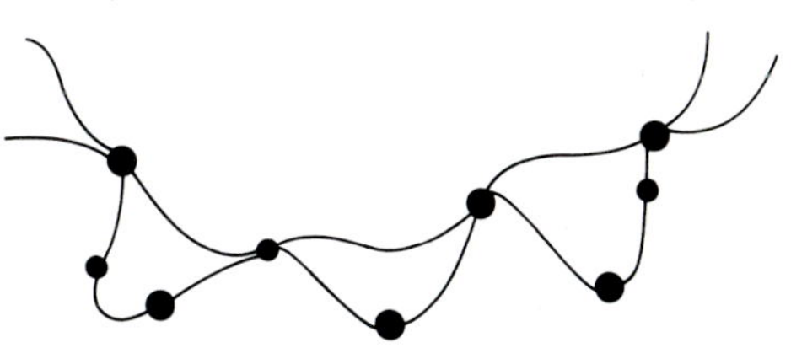

Durch diese Perlen einen 3. Draht fädeln und auch hier Perlen mit einziehen.

**Zeichnung (3)**

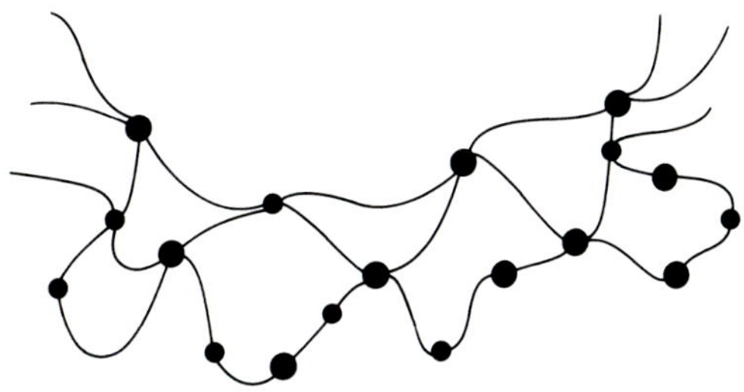

In diesem Schema alle 8 Drähte miteinander verbinden. Die 8 Drähte an beiden Enden zusammennehmen, in die Verschlusskappen des Komplettverschlusses stecken, etwas Sekundenkleber darauf geben und die Kappen zusammendrücken. Die Regulationskette einhängen.

## Material

| | | |
|---|---|---|
| 6468 91 8 | Silberdraht 0,4 mm | 1 m |
| 6441 26 2 | Komplettverschluss versilbert | 1 St. |
| 6086 66 7 | Wachsperlen anthrazit 3 mm | 25 St. |
| 6088 66 0 | Wachsperlen anthrazit 4 mm | 20 St. |

## Material

(für einen Ohrhänger)

| | | |
|---|---|---|
| 6468 91 8 | Silberdraht 0,4 mm | 20 cm |
| 2229 075 | Ohrhaken versilbert | 1 St. |
| 2231 375 | Quetschkalotte versilbert | 1 St. |
| 6086 66 7 | Wachsperlen anthrazit 3 mm | 8 St. |
| 6088 66 0 | Wachsperlen anthrazit 4 mm | 5 St. |

### ARMBAND

Das Armband wird wie das Collier gefertigt. Den Draht jedoch in fünf 20 cm lange Stücke schneiden.

### OHRHÄNGER

Den Draht in der Mitte knicken und eine Perle (4 mm) auf beide Drahthälften bis zum Knick fädeln. Nun auf jeden einzelnen Draht eine Perle (3 mm) auffädeln, dann wieder eine Perle (4 mm) über beide Drähte ziehen. Dies 3-mal wiederholen und zum Schluss die 2 Drahtenden und den Drahtknick in die Quetschkalotte einkleben. Die Kalotte in die Öse des Ohrhakens einhängen und zubiegen.

# Victoria

### Material

| | | |
|---|---|---|
| 6464 71 8 | Silberdraht stahl 0,25 mm | 1,50 m |
| S2230 675 | Schraubverschluss versilbert | 1 St. |
| 2231 375 | Quetschkalotten versilbert | 2 St. |
| 2230 875 | Quetschperlen versilbert | 2 St. |
| 6086 66 7 | Wachsperlen anthrazit 3 mm | 22 St. |
| 6088 66 0 | Wachsperlen anthrazit 4 mm | 21 St. |
| 2272 121 | Röhrchen platin 2 x 10 mm | 44 St. |
| 2272 131 | Röhrchen platin 2 x 15 mm | 22 St. |

## COLLIER

50 cm Draht abschneiden. Die längeren Röhrchen und die größeren Perlen im Wechsel auffädeln. Nun den 2. Draht (ca. 1 m) nehmen und je ein Ende vom 1. und vom 2. Draht mit einer Quetschkalotte und Quetschperle sichern (s. *Tipps und Tricks*). Auf den 2. Draht ein kurzes Röhrchen, eine kleine Perle und wieder ein kurzes Röhrchen auffädeln. Den Draht durch die 1. (große) Perle des oberen Drahtes ziehen, dann ein kurzes Röhrchen, eine kleine Perle und ein weiteres Röhrchen auffädeln. Dann den Draht durch die nächste große Perle ziehen usw. Zum Schluss die beiden Drahtenden mit einer Quetschkalotte und einer Quetschperle (s. *Tipps und Tricks*) sichern. Die Schraubschließe in die Ösen der Kalotten einhängen und zubiegen.

### Material

| | | |
|---|---|---|
| 2220 100 | Stretch-Magic-Gummi transparent | ca. 20 cm |
| 6088 66 0 | Wachsperlen anthrazit 4 mm | 18 St. |
| 2272 121 | Röhrchen platin 2 x 10 mm | 9 St. |

## ARMBAND

Auf den Stretch-Magic-Gummi im Wechsel ein Röhrchen und 2 Perlen aufreihen. Beide Enden gut miteinander verknoten und den Knoten in einer Perle oder einem Röhrchen »verstecken«.

### Material

(für einen Ohrhänger)

| | | |
|---|---|---|
| 2237 784 | Nyloncoated Draht stahl | 10 cm |
| 2229 075 | Ohrhaken versilbert | 1 St. |
| 2231 375 | Quetschkalotte versilbert | 1 St. |
| 2230 875 | Quetschperle versilbert | 1 St. |
| 6086 66 7 | Wachsperlen anthrazit 3 mm | 2 St. |
| 6088 66 0 | Wachsperle anthrazit 4 mm | 1 St. |
| 2272 131 | Röhrchen platin 2 x 15 mm | 3 St. |

## OHRHÄNGER

Auf die Mitte des Drahtes ein Röhrchen schieben, links und rechts davon jeweils eine Perle (3 mm) und ein Röhrchen aufziehen. Die beiden Drahtenden zusammennehmen und durch die Perle (4 mm) ziehen. Nun beide Enden mit einer Quetschkalotte und Quetschperle sichern (s. *Tipps und Tricks*). Zum Schluss den Ohrhaken in die Öse der Quetschkalotte einhängen.

# Dancing Beads

**Material**

| | | |
|---|---|---|
| 2237 099 | Perlonfaden transparent 0,25 mm | 2 m |
| 2228 000 | Federring versilbert | 1 St. |
| 2231 375 | Quetschkalotten versilbert | 2 St. |
| 2230 875 | Quetschperlen versilbert | 2 St. |
| 6084 00 1 | Wachsperlen weiß 2 mm | 35 St. |
| 6088 66 0 | Wachsperlen anthrazit 4 mm | 20 St. |
| 6086 00 4 | Wachsperlen weiß 3 mm | 22 St. |

**Material**

(für einen Ohrhänger)

| | | |
|---|---|---|
| 2228 775 | Creolen 30 mm versilbert | 1 St. |
| 2229 075 | Ohrhaken versilbert | 1 St. |
| 6083 00 5 | Wachsperlen weiß 2,5 mm | 20 St. |
| 6088 66 7 | Wachsperlen anthrazit 3 mm | 5 St. |
| 6088 66 0 | Wachsperlen anthrazit 4 mm | 6 St. |

## COLLIER

Den Perlonfaden in drei 42 cm lange Stücke schneiden. Die Stücke zusammenfassen und ein Ende mit einer Quetschkalotte und Quetschperle sichern (s. *Tipps und Tricks*). Die Perlen jetzt auffädeln, dabei die anthrazitfarbenen Perlen abwechselnd einmal auf die ersten beiden Fäden (Faden Nr. 1 u. 2), dann auf Faden Nr. 2 u. 3 ziehen. Dazwischen die weißen Perlen immer auf einen einzelnen Faden fädeln. Die Enden der Perlonfäden mit einer Quetschkalotte und Quetschperle verschließen. Die Öse des Federrings in die offene Öse der Quetschkalotte einhängen und zubiegen. Auf der anderen Seite den Verbindungsring anbringen.

## OHRHÄNGER

Auf die Creolen die Perlen wie folgt aufziehen: 1 anthrazitfarbene (4 mm), 2 weiße (2,5 mm), 1 anthrazitfarbene (3 mm), 2 weiße (2,5 mm) immer im Wechsel. Zum Schluss das Drahtende der Creole in den Verschluss stecken und diesen mit einer Flachzange zudrücken. Zur Sicherung einen Tropfen Sekundenkleber hineingeben. Den Ohrhaken in die Öse der Creole einhängen.

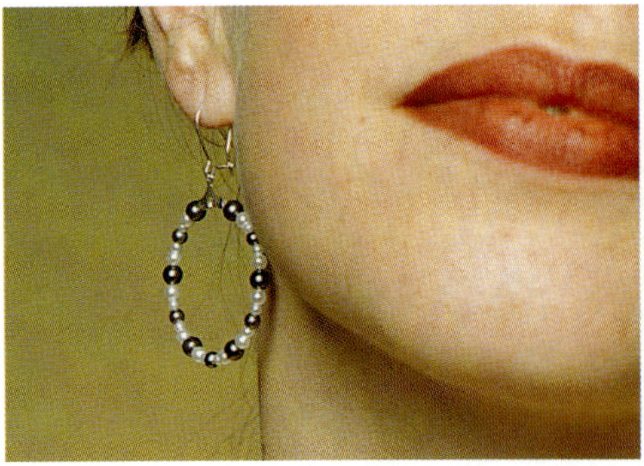

# Softline

## Material

| | | |
|---|---|---|
| 6482 98 8 | Bouillon-Effektdraht blau | 5 m |
| 2228 000 | Federringverschluss versilbert | 1 St. |
| 2231 375 | Quetschkalotten versilbert | 2 St. |
| 2230 875 | Quetschperlen versilbert | 2 St. |
| 6003 10 9 | Süßwasserperlen reisförmig weiß 3–4 mm | 18 St. |
| 6003 11 7 | Süßwasserperlen reisförmig weiß 5–6 mm | 17 St. |
| 6003 12 5 | Süßwasserperlen rund weiß 3–4 mm | 18 St. |
| 6003 13 3 | Süßwasserperlen rund weiß 5–6 mm | 17 St. |
| | Zusätzliches Werkzeug: Häkelnadel Nr. 3 oder 4 | |

## Material

| | | |
|---|---|---|
| 6482 98 8 | Bouillon-Effektdraht blau | 2,40 m |
| 2228 000 | Federringverschluss versilbert | 1 St. |
| 2231 375 | Quetschkalotten versilbert | 2 St. |
| 2230 875 | Quetschperlen versilbert | 2 St. |
| 6003 10 9 | Süßwasserperlen reisförmig weiß 3–4 mm | 7 St. |
| 6003 11 7 | Süßwasserperlen reisförmig weiß 5–6 mm | 8 St. |
| 6003 12 5 | Süßwasserperlen rund weiß 3–4 mm | 7 St. |
| 6003 13 3 | Süßwasserperlen rund weiß 5–6 mm | 8 St. |

### COLLIER

Den Draht in 3 gleich große Stücke schneiden und Süßwasserperlen auffädeln. Nun mit der Häkelnadel 3 separate Luftmaschenketten häkeln, die Perlen werden dabei eingehäkelt. Die 3 Stränge locker miteinander verschlingen und die 3 Drahtenden auf jeder Seite zusammenzwirbeln. Die Drähte an den Enden mit einer Quetschkalotte und Quetschperle sichern (s. *Tipps und Tricks*).

An der einen Seite den kleinen Verbindungsring, an der anderen den Federringverschluss in die Öse der Quetschkalotte einhängen und die Ösen zubiegen.

### ARMBAND

Das Armband wird wie das Collier gefertigt.

# Flowers

## Material

| | | |
|---|---|---|
| 2237 784 | Nyloncoated Draht stahl | ca. 80 cm |
| 2228 000 | Federringverschluss versilbert | 1 St. |
| 2231 375 | Quetschkalotte versilbert | 1 St. |
| 2230 875 | Quetschperlen versilbert | 32 St. |
| 6088 00 7 | Wachsperlen weiß 4 mm | 28 St. |
| 6088 66 0 | Wachsperlen anthrazit 4 mm | 26 St. |
| 6092 66 7 | Wachsperle anthrazit 6 mm | 1 St. |
| 2275 616 | Metallblumen silber 9 mm | 6 St. |
| 2275 617 | Metallblume silber 14 mm | 1 St. |

### COLLIER

Den Draht in der Mitte zusammenlegen (nicht knicken!) und eine Quetschperle über beide Drähte bis zum Ende ziehen, sodass eine ca. 0,5 cm große Schlaufe entsteht. Die Quetschperle mit der Flachzange zusammendrücken. Nun die Perlen auffädeln:

Zuerst auf einen Draht eine Wachsperle anthrazit (4 mm), dann auf den anderen Draht eine Perle weiß (4 mm). Danach über beide Drähte eine Quetschperle ziehen. Dieses Schema 9-mal wiederholen.

Nun eine kleine Blume mit einer Perle weiß (4 mm) in der Mitte und wieder 1 Quetschperle auf beide Drähte ziehen, dann 1 Perle weiß (4 mm) und 1 Perle anthrazit (6 mm) auf einen Draht fädeln.

Jetzt folgt: eine Quetschperle, eine kleine Blume mit einer Perle anthrazit (4 mm), eine Quetschperle auf beide Drähte, eine Perle weiß (4 mm) und eine Perle anthrazit (4 mm) auf einen Draht, eine Quetschperle – dieses Schema 3-mal wiederholen. Dann eine große Blume mit einer Wachsperle anthrazit (6 mm) in der Mitte und eine Quetschperle auffädeln. Alles in umgekehrter Reihenfolge noch einmal fädeln.

Die Drahtenden mit einer Quetschkalotte und einer Quetschperle sichern (s. *Tipps und Tricks*). Die Öse vom Federring in die offene Öse der Quetschkalotte einhängen und die Öse zubiegen. Die Anfangsschlaufe dient als Verschlussring.

## Material

| | | |
|---|---|---|
| 2220 100 | Stretch-Magic-Gummi transparent | 20 cm |
| 6092 00 4 | Wachsperlen weiß 6 mm | 14 St. |
| 6092 66 7 | Wachsperlen anthrazit 6 mm | 14 St. |
| 2275 617 | Metallblume silber 14 mm | 1 St. |

### ARMBAND

Eine weiße und eine anthrazitfarbene Wachsperle im Wechsel auf den Stretch-Magic-Gummi fädeln, nach der letzten weißen Perle die Metallblume mit einer Wachsperle anthrazit in der Mitte aufnehmen. Nun den Gummi fest verknoten und den Knoten zwischen den Perlen »verstecken«.

## Material

(für einen Ohrhänger)

| | | |
|---|---|---|
| 2237 784 | Nyloncoated Draht stahl | ca. 20 cm |
| 2229 075 | Ohrhaken versilbert | 1 St. |
| 2231 375 | Quetschkalotte versilbert | 1 St. |
| 2230 875 | Quetschperle versilbert | 1 St. |
| 6088 00 7 | Wachsperlen weiß 4 mm | 5 St. |
| 6088 66 0 | Wachsperlen anthrazit 4 mm | 6 St. |
| 2275 616 | Metallblumen silber 9 mm | 3 St. |

### OHRHÄNGER

Den Draht jeweils zur Hälfte zusammenlegen

(nicht knicken!) und Perlen wie folgt auffädeln: Perle anthrazit (4 mm), Perle weiß (4 mm) jeweils auf einen Draht, eine Quetschperle, eine Metallblume mit Perle anthrazit (4 mm), eine Quetschperle (auf beide Drähte). Dieses Schema 2-mal wiederholen, wobei erst eine weiße Perle und dann eine anthrazitfarbene Perle in die Metallblume gefasst wird. Zum Abschluss zwei Perlen weiß und anthrazit (4 mm) einzeln auffädeln. Nun alle 4 Drahtenden mit einer Quetschkalotte und Quetschperle sichern (s. *Tipps und Tricks*). Die Öse von der Quetschkalotte in den Ohrhaken einhängen.

# Sensation

## Material

| | | |
|---|---|---|
| 2237 784 | Nyloncoated Draht stahl | ca. 1,30 cm |
| 2228 000 | Federringverschluss versilbert | 1 St. |
| 2231 375 | Quetschkalotten versilbert | 2 St. |
| 2230 875 | Quetschperlen versilbert | 40 St. |
| 6086 00 4 | Wachsperlen weiß 3 mm | 14 St. |
| 6086 66 7 | Wachsperlen anthrazit 3 mm | 13 St. |
| 6088 66 0 | Wachsperlen anthrazit 4 mm | 10 St. |

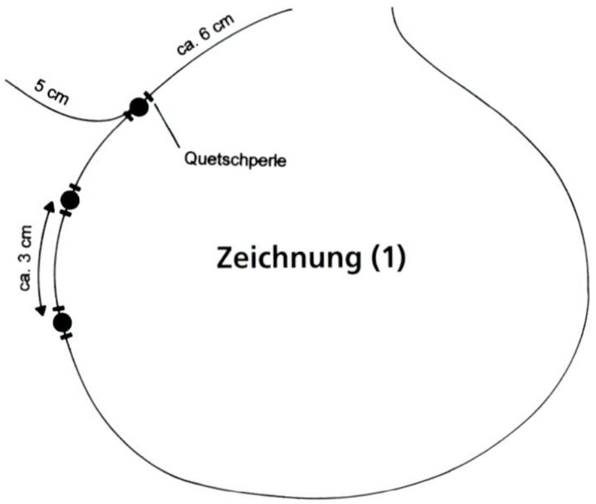


### COLLIER

Vom Draht ca. 40 cm abschneiden und den restlichen Draht in acht 10 cm lange und zwei 5 cm lange Stücke schneiden. Vom 40 cm langen Draht ca. 6 cm abmessen, eine Quetschperle auffädeln und ein 5 cm langes Stück mit einer Quetschperle durch Zusammendrücken befestigen. Eine Perle durch beide Drähte fädeln und diese ebenfalls mit einer Quetschperle befestigen. Im Abstand von ca. 3 cm weitere 8 Perlen mit Quetschperlen befestigen. Die 10. Perle (genau wie am Anfang) zusammen mit dem zweiten 5 cm langen Stück befestigen.

Die 10 cm langen Stücke durch die befestigten Perlen fädeln. Jeweils 2 Drahtenden zusammenfassen, ca. 1 cm abmessen und dort eine Quetschperle anbringen. Dann 3 kleine Wachsperlen auffädeln (4-mal im Wechsel weiß – anthrazit – weiß, anthrazit – weiß – anthrazit) und mit einer Quetschperle befestigen.

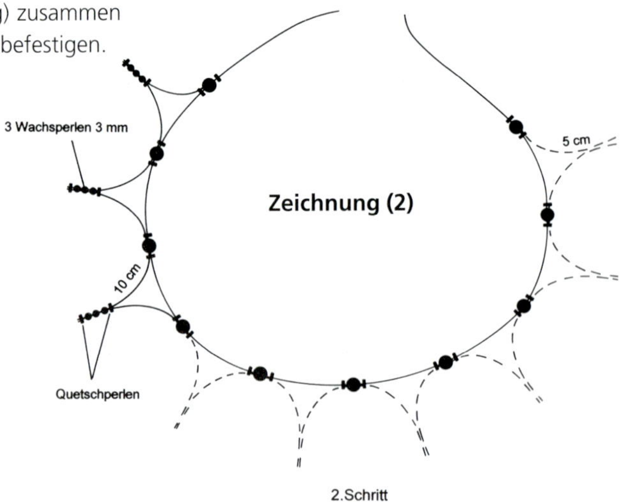

Die Drahtenden jeweils mit einer Quetschkalotte und Quetschperle (s. *Tipps und Tricks*) verschließen und den Verschluss in die Kalotten einhängen.

**Material**
(für einen Ohrhänger)

| | | |
|---|---|---|
| 2237 784 | Nyloncoated Draht stahl | 10 cm |
| 2229 075 | Ohrhaken versilbert | 1 St. |
| 2230 875 | Quetschperlen versilbert | 2 St. |
| 6086 00 4 | Wachsperlen weiß 3 mm | 2 St. |
| 6086 66 7 | Wachsperle anthrazit 3 mm | 1 St. |
| 6088 66 0 | Wachsperle anthrazit 4 mm | 1 St. |

## OHRHÄNGER

10 cm Draht in der Mitte umbiegen (nicht knicken!) und durch die Öse des Ohrhakens ziehen. Eine Quetschperle über beide Drähte ziehen und nahe an der Öse mit der Flachzange zusammendrücken. Auf das eine Drahtende eine Wachsperle anthrazit (4 mm) auffädeln und mit dem anderen Drahtende gegenfädeln. So entsteht die obere Schlaufe. Nun beide Drahtenden zusammennehmen und eine weiße, eine anthrazitfarbene und wieder eine weiße Perle (3 mm) auffädeln. Den Abschluss bildet eine Quetschperle. Die Drahtenden knapp abzwicken.

# Waterworld

## Material

| | | |
|---|---|---|
| 2237 947 | Wellendraht edelstahl 0,47 mm | 1 m |
| 2228 000 | Federringverschluss versilbert | 1 St. |
| 2231 375 | Quetschkalotte versilbert | 1 St. |
| 2230 875 | Quetschperlen versilbert | 10 St. |
| 6088 00 7 | Wachsperlen weiß 4 mm | 12 St. |
| 6088 66 0 | Wachsperle anthrazit 4 mm | 1 St. |
| 6085 00 8 | Wachsperle anthrazit 5 mm | 1 St. |
| 2275 618 | Metallfische silber 13 mm | 4 St. |

### COLLIER

Den Wellendraht in der Mitte zusammenlegen (nicht knicken!), eine Quetschperle über beide Drähte bis zum Ende ziehen, sodass eine ca. 0,5 cm große Schlaufe entsteht. Die Quetschperle zusammendrücken. Eine Quetschperle, eine Wachsperle anthrazit (4 mm) und einen Metallfisch auf beide Drähte ziehen. Die Quetschperle an der gewünschten Stelle zusammendrücken. Eine Perle anthrazit (4 mm) auf einen Draht, eine Perle weiß (4 mm) auf den anderen Draht und wiederum eine Perle anthrazit (4 mm) auf den ersten Draht aufreihen. Dann eine Quetschperle über beide Drähte ziehen und fixieren. Nach diesem Schema noch 2-mal fädeln. Dann eine weiße Wachsperle (4 mm), einen Fisch, eine weiße Perle (5 mm), einen Fisch, eine weiße Perle (4 mm) und abschließend eine Quetschperle über beide Drähte fädeln. Anschließend wieder 3-mal das Schema mit den 3 Perlen auffädeln und mit einer Quetschperle fixieren. Zum Schluss nochmals einen Fisch mit einer Perle anthrazit (4 mm) und einer Quetschperle über beide Drähte ziehen und befestigen.

Die beiden Drahtenden mit einer Quetschkalotte und Quetschperle verschließen (s. *Tipps und Tricks*). Die Öse des Federrings in die offene Öse der Quetschkalotte einhängen und zubiegen. Die Schlaufe bildet den Einhängering.

## Material

| | | |
|---|---|---|
| 2220 100 | Stretch-Magic-Gummi transparent | 20 cm |
| 2275 618 | Metallfische silber 13 mm | 2 St. |
| 6088 00 7 | Wachsperlen weiß 4 mm | 20 St. |
| 6088 66 0 | Wachsperlen anthrazit 4 mm | 18 St. |

### ARMBAND

Alle Perlen auf den transparenten Stretch-Magic-Gummi nach folgendem Schema auffädeln: 4 mm weiß, 4 mm anthrazit, 4 mm weiß, ein Fisch, 4 mm weiß, ein Fisch, 4 mm weiß, 4 mm anthrazit usw. Zum Abschluss den Gummi fest verknoten und den Knoten in einer Perle »verstecken«.

# Magic Fire

## Material

| | | |
|---|---|---|
| 2237 780 | Nyloncoated Draht schwarz | ca. 90 cm |
| 2228 000 | Federringverschluss versilbert | 1 St. |
| 2231 375 | Quetschkalotte versilbert | 1 St. |
| 2230 875 | Quetschperlen versilbert | 16 St. |
| 6086 66 7 | Wachsperlen anthrazit 3 mm | 18 St. |
| 6088 66 0 | Wachsperlen anthrazit 4 mm | 8 St. |
| 2218 920 | Glasscheibchen rot | 4 St. |
| 2219 020 | Glasfahnen rot | 3 St. |

### COLLIER

Den Draht in der Mitte zusammenlegen (nicht knicken!) und eine Quetschperle über beide Drähte bis zum Ende ziehen, sodass eine ca. 0,5 cm große Schlaufe entsteht. Die Quetschperle zusammendrücken. Nun die Perlen in folgender Reihenfolge auffädeln:

Eine Quetschperle über beide Drähte, 3-mal eine Perle anthrazit (3 mm) abwechselnd auf die einzelnen Drähte, eine Quetschperle, ein Glasscheibchen rot, eine Wachsperle anthrazit (4 mm), ein Glasscheibchen rot, eine Quetschperle über beide Drähte, 3-mal eine Perle anthrazit (3 mm) abwechselnd auf die einzelnen Drähte, eine Quetschperle (über beide Drähte), 3-mal eine Perle anthrazit (3 mm) abwechselnd auf die einzelnen Drähte, eine Quetschperle, eine rote Glasfahne, eine Quetschperle (über beide Drähte); 3-mal eine Perle anthrazit (4 mm) abwechselnd auf die einzelnen Drähte, eine Quetschperle, eine rote Glasfahne, eine Quetschperle (über beide Drähte). Alles in umgekehrter Reihenfolge noch einmal auffädeln. Zum Schluss die beiden Drähte mit einer Quetschperle und Quetschkalotte einfassen (s. *Tipps und Tricks*) und den Federring in die Kalotte einhängen.

## Material

| | | |
|---|---|---|
| 2220 100 | Stretch-Magic-Gummi transparent | 20 cm |
| 6088 66 0 | Wachsperlen anthrazit 4 mm | 33 St. |
| 2218 820 | Glaskantperlen rot 5 mm | 11 St. |

### ARMBAND

Alle Perlen auf den transparenten Stretch-Magic-Gummi wie folgt auffädeln:

1-mal Glaskantperle rot (5 mm), 3-mal Wachsperle anthrazit (4 mm). Zum Abschluss den Gummi fest verknoten und den Knoten in einer Perle »verstecken«.

## Material

(für einen Ohrhänger)

| | | |
|---|---|---|
| 2237 780 | Nyloncoated Draht schwarz | ca. 20 cm |
| 2229 075 | Ohrhaken versilbert | 1 St. |
| 2231 375 | Quetschkalotte versilbert | 1 St. |
| 2230 875 | Quetschperlen versilbert | 7 St. |
| 6086 66 7 | Wachsperlen anthrazit 3 mm | 12 St. |
| 2219 020 | Glasfahne rot | 1 St. |

### OHRHÄNGER

Den Draht in der Mitte knicken und eine Quetschperle über beide Drähte ziehen. Auf einen Draht eine Wachsperle anthrazit (3 mm), auf den anderen Draht zwei Perlen anthrazit (3 mm) fädeln. Eine Quetschperle über beide Drähte ziehen (nicht zusammendrücken!). Nun wieder 3 Perlen anthrazit, wie beschrieben, auffädeln. Dann ein rotes Glasfähnchen auf beide Drähte auffädeln. Dasselbe Schema rückwärts noch einmal auffädeln. Zum Schluss die Knickstelle vom Anfang durchschneiden. Alle 4 Drahtenden mit einer Quetschkalotte und einer Quetschperle sichern (s. *Tipps und Tricks*). Den Ohrhaken in die Öse der Quetschkalotte einhängen und die Öse zubiegen.

# Black and White

**Material**

| | | |
|---|---|---|
| 2237 784 | Nyloncoated Draht stahl | ca. 40 cm |
| 2228 000 | Federringverschluss versilbert | 1 St. |
| 2231 375 | Quetschkalotten versilbert | 2 St. |
| 2230 875 | Quetschperlen versilbert | 2 St. |
| 6084 00 1 | Wachsperlen weiß 2 mm | 80 St. |
| 5501 074 | Glasstiftperlen schwarz 6 x 2 mm | 40 St. |

## COLLIER

Auf den Draht im Wechsel eine Stiftperle schwarz und zwei Wachsperlen weiß (2 mm) auffädeln. Am Schluss die beiden Drahtenden jeweils mit einer Quetschkalotte und Quetschperle sichern (s. *Tipps und Tricks*). In die Ösen der Quetschkalotten nun den Federringverschluss bzw. den Ring einhängen und beide Ösen zubiegen.

**Material**

| | | |
|---|---|---|
| 2220 100 | Stretch-Magic-Gummi transparent | 20 cm |
| 6084 00 1 | Wachsperlen weiß 2 mm | 36 St. |
| 5501 074 | Glasstiftperlen schwarz 6 x 2 mm | 18 St. |

## ARMBAND EINREIHIG

Auf den Stretch-Magic-Gummi im Wechsel eine Stiftperle und zwei Wachsperlen auffädeln, beide Enden verknoten und den Knoten in einer Stiftperle »verstecken«.

**Material**

| | | |
|---|---|---|
| 8048 15 0 | Perlonfaden transparent | ca. 40 cm |
| 2552 199 | Perlongarn weiß | |
| 5500 401 | Rocailles schwarz 2 mm | 147 St. |
| 6084 00 1 | Wachsperlen weiß 2 mm | 203 St. |
| | Zusätzliches Werkzeug: | |
| 5001 000 | Perlfädelnadel | |
| 6080 00 0 | Webrahmen für Perlen | |

## ARMBAND GEWEBT

Dieses Armband wird auf einem Perlwebrahmen gewebt. Dem Perlwebrahmen liegt eine ausführliche Beschreibung bei, wie die Webtechnik funktioniert.

Bei diesem Modell wurden 8 Reihen auf den Webrahmen gespannt und insgesamt 57 Reihen nach dem unten abgebildeten Muster gewebt.

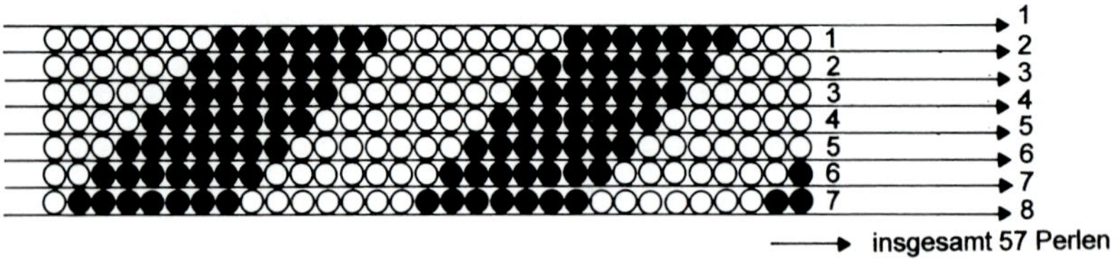

# Flying Beads

**Material**

| | | |
|---|---|---|
| 2238 099 | Perlonfaden transparent 0,4 mm | 40 cm |
| 2228 000 | Federringverschluss versilbert | 1 St. |
| 2231 375 | Quetschkalotten versilbert | 2 St. |
| 2230 875 | Quetschperlen versilbert | 2 St. |
| 6088 66 0 | Wachsperlen anthrazit 4 mm | 11 St. |

**Material**

| | | |
|---|---|---|
| 6141 13 7 | Armreif 3-teilig | 1 St. |
| 6118 71 2 | Rocailles perlmuttsilber 2,5 mm | 166 St. |
| 6086 66 7 | Wachsperlen anthrazit 3 mm | 42 St. |
| 6088 66 0 | Wachsperlen anthrazit 4 mm | 41 St. |

## COLLIER

Die anthrazitfarbenen Wachsperlen in regelmäßigen Abständen auf dem Perlonfaden mit Sekundenkleber fixieren (einen Tropfen direkt auf den Draht geben und die Perle vorsichtig darüber schieben).

Zum Schluss die beiden Fadenenden jeweils mit einer Quetschkalotte und Quetschperle fassen (s. *Tipps und Tricks*) und den Federringverschluss und die Verbindungsöse in die offene Öse der Quetschkalotte einhängen. Die Ösen sorgfältig zubiegen.

## ARMBAND

Hier wurde ein vorgebogener Armreif aus Draht verwendet. Die Wachsperlen werden wie folgt aufgefädelt:

Eine Perle anthrazit (3 mm), 2 Perlen perlmuttsilber (2,5 mm), eine Perle anthrazit (4 mm), 2 Perlen perlmuttsilber (2,5 mm) usw.

Zum Abschluss das Drahtende mit einer Rundzange zu einer Öse biegen, damit die Perlen nicht verrutschen können.

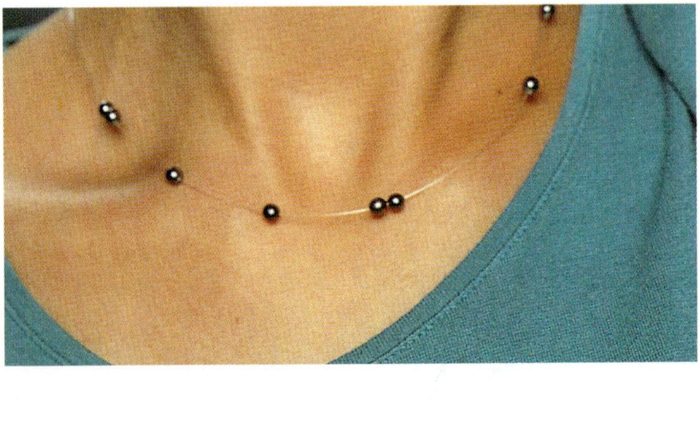